L'Homme et la Nature

Amma répond aux questions
sur les problèmes écologiques

Mata Amritanandamayi Center, San Ramon
Californie, États-Unis

L'Homme et la Nature
Traduit du Malayalam par
Swami Amritaswarupananda

Publié par :
    Mata Amritanandamayi Center
    P.O. Box 613
    San Ramon, CA 94583
    États-Unis

---------- *Man and Nature (French)* ----------

Copyright © 1995 Mata Amritanandamayi Mission
Trust, Amritapuri, Kérala 690546, Inde
Tous droits réservés. Aucune partie de cette
publication ne peut être enregistrée dans une banque
de données, transmise ou reproduite de quelque
manière que ce soit sans l'accord préalable et la
permission expressément écrite de l'auteur.

Première édition par le Centre MA : septembre 2016

En France :
    Ferme du Plessis
    28190 Pontgouin
    www.ammafrance.org

En Inde :
    www.amritapuri.org
    inform@amritapuri.org

Préface

La vie nous montre que l'expérience est la meilleure forme d'éducation. Les véritables enseignants sont ceux qui éveillent la connaissance déjà présente en nous et nous rappellent que connaître sans utiliser cette connaissance équivaut à ne pas connaître. Si Amma, à sa manière inimitable, transforme nos connaissances théoriques en actions concrètes, c'est que, comme elle nous le rappelle affectueusement, « la religion enseigne un mode de vie qui doit être mis en pratique. »

La religion est une tentative pour éliminer la perception illusoire de l'ego et faire disparaître de notre vie le sens de la dualité, cette séparation artificielle entre l'ego et le reste du monde. Ce même sens de l'ego qui nous empêche de ressentir de la compassion envers les autres êtres humains – car nous faisons l'erreur de croire que nous en sommes distincts — nous entraîne à détruire l'environnement, faute de percevoir que nous en sommes partie intégrante. La plupart des gens agissent encore en pensant que « l'environnement » est un

L'Homme et la Nature

endroit lointain dans les forêts ou dans les montagnes, plutôt que le lieu où nous demeurons tous. Amma dit : « Nier l'existence de Dieu revient à nier sa propre existence ». Il en est de même avec la Nature, qui est la forme visible de Dieu. Beaucoup de gens croient que la mission de l'homme est de conquérir la Nature, mais en s'y appliquant, voilà que l'être humain devient son propre ennemi, et le pire de tous. Nous faisons partie de la Nature. Elle ne pourra continuer à jouer son rôle protecteur et bienfaisant que si nous sommes capables de rétablir l'équilibre dans notre relation avec la Terre et toutes ses créatures.

Les paroles d'Amma sont un appel à la découverte de l'altruisme silencieux qui sommeille en chacun de nous. La Nature aussi nous appelle. Mais ses cris sont devenus plus stridents depuis quelque temps, tandis que l'homme détruit toujours plus le potentiel de régénérescence de la Terre. « Faire partie de la Nature », cela signifie que nous *sommes* l'environnement. Comprenons que la Terre a exactement les mêmes besoins que nous.

Il n'y a rien à ajouter aux paroles d'Amma sur la Nature et notre rôle sur cette planète. Elles ne sont pas si surprenantes, étant donnée l'indivisibilité de Dieu et de la Nature ; en vérité ils ne font qu'un.

Préface

Nier la divinité de la Nature rabaisse notre propre esprit et notre liberté. Le silence que nous cherchons en nous est le même silence qui imprègne encore les forêts, les océans et les montagnes. Nous devons nous concentrer et faire des efforts pour calmer notre tumulte intérieur et trouver la paix et il nous faut également agir pour réparer les dommages que nous avons infligés à la Nature. Servir la Nature et ses créatures, c'est servir Dieu. Renouvelons notre engagement de servir la Terre.

Sam La Budde
Directeur Projet « Espèces en Danger »
Earth Island Institute
San Francisco, CA

Sommaire des Questions

Quelle est la relation entre l'homme et la nature ? 7

Quel rôle doit jouer la religion dans les relations entre l'Homme et la Nature ? 9

Quelle a été la cause de la rupture des relations entre la Nature et les êtres humains ? 17

Quels sont les points communs entre un cheminement spirituel et la protection de la Nature ? 21

Quelle est la gravité du problème de l'environnement ? 25

Les êtres humains deviennent-ils une menace pour l'existence même de la vie à la surface de la terre ? 31

Faut-il accorder davantage d'importance aux besoins humains qu'à la Nature ? 32

Quelles sont les mesures à prendre au niveau social pour éviter la destruction de la Nature et des animaux ? 33

Les forêts sont-elles un élément indispensable de la terre ? 36

Est-il recommandé d'approcher les maîtres spirituels sans essayer par nous-mêmes de résoudre les problèmes actuels ? 37

L'Homme et la Nature

Le texte qui suit contient les réponses de Mata Amritanandamayi aux questions sur les problèmes écologiques, posées par Monsieur Sam La Budde, spécialiste de l'environnement aux États-Unis.

Quelle est la relation entre l'homme et la nature ?

AMMA : L'être humain n'est pas différent de la Nature. Il en fait partie. L'existence même des êtres humains sur la terre dépend de la Nature. En fait, nous ne protégeons pas la Nature, c'est elle qui nous protège. Les arbres et les plantes, par exemple, sont indispensables à la purification de l'énergie vitale. Chacun sait qu'il est impossible à l'homme de vivre dans le désert car il n'y a pas d'arbres pour y purifier l'énergie vitale. Si l'atmosphère n'est pas purifiée, la santé des êtres humains se détériore et il s'ensuit la maladie, la diminution de la durée moyenne de vie, l'affaiblissement voire la perte de la vue. Notre existence est inextricablement liée à la Nature. Un changement, même minime, dans la Nature se répercute dans notre vie sur cette planète. Nos pensées et nos actions ont également un effet sur la Nature. Si l'équilibre de la Nature est rompu, l'harmonie de la vie humaine est elle aussi brisée, et réciproquement.

Le facteur reliant les hommes à la Nature, c'est leur innocence innée. Lorsque nous voyons un arc-en-ciel ou les vagues de l'océan, ressentons-nous toujours la joie innocente d'un enfant ? Un adulte qui interprète l'arc-en-ciel uniquement en termes d'ondes lumineuses ne connaîtra pas la joie et l'émerveillement de l'enfant devant l'arc-en-ciel ou les vagues de l'océan.

La foi en Dieu est le meilleur moyen de préserver cette innocence enfantine chez les êtres humains. Inversement, la foi et la dévotion jaillissent de l'innocence et grâce à elles, un croyant voit Dieu en tout, qu'il s'agisse d'un arbre ou d'un animal ; il perçoit Dieu dans chacun des aspects de la Nature. De ce fait, il vit en parfaite harmonie, en accord avec la Nature. Le fleuve d'amour infini qui s'écoule d'un véritable croyant vers la création toute entière produit un effet doux et apaisant sur son environnement. Cet amour est la meilleure protection de la Nature.

La perte de l'innocence vient avec le développement de l'égocentrisme. Alors l'être humain s'aliène de la Nature et commence à l'exploiter. L'Homme est inconscient de la menace qu'il représente maintenant pour la Nature. En la maltraitant, il pave le chemin de sa propre destruction.

Tout en développant son intelligence et ses connaissances scientifiques, l'être humain ne devrait pas oublier les sentiments de son cœur, qui lui permettent de vivre en accord avec la Nature et ses lois fondamentales.

Quel rôle doit jouer la religion dans les relations entre l'Homme et la Nature ?

AMMA : C'est la religion qui aide les humains à rester conscients de leur union avec la Nature. Sans la religion, l'humanité perd cette conscience. La religion nous enseigne à aimer la Nature. En vérité, le progrès et la prospérité de l'humanité dépendent entièrement du bien que l'Homme fait à la Nature. La religion permet de maintenir une relation juste entre les individus et la société, entre l'Homme et la Nature.

La relation entre l'homme et la Nature est semblable à la relation entre le microcosme (*Pindanda*) et le macrocosme (*Brahmanda*). Nos ancêtres, dans leur sagesse, l'avaient compris. C'est la raison pour laquelle ils accordaient tant d'importance au culte de la Nature dans les pratiques religieuses. L'idée sous-tendant les pratiques religieuses *(acharam)* était d'associer intimement les êtres humains avec la Nature. En établissant une relation d'amour entre l'Homme et la Nature, ils assuraient à la fois l'équilibre de la Nature et le progrès de l'humanité.

Prenez un arbre. Il donne de l'ombre même à celui qui l'abat. Il offre ses fruits sucrés et délicieux à la personne qui lui fait mal. Mais notre attitude est totalement différente. Quand nous plantons un arbre ou élevons un animal, notre seul intérêt est le profit que nous pouvons en tirer. Si l'animal cesse d'être rentable, nous le supprimons sans délai. Dès que la vache ne donne plus de lait, nous la vendons au boucher pour en retirer quelque argent. Si un arbre ne produit plus de fruits, nous l'abattons pour fabriquer des meubles. L'égoïsme règne en

maître. Il est impossible de trouver où que ce soit l'amour désintéressé. Mais nos ancêtres étaient différents. Ils savaient que les arbres, les plantes et les animaux étaient indispensables au bien des humains. Ils avaient prévu que l'homme, dans ses périodes égoïstes, oublierait la Nature et cesserait de se sentir concerné par elle. Ils savaient aussi que les générations futures souffriraient du divorce entre l'homme et la Nature. En conséquence, ils lièrent chaque rite religieux à la Nature. Ainsi, grâce aux principes religieux, ils parvinrent à développer un lien de cœur entre l'homme et la Nature. Les anciens aimaient et vénéraient les arbres et les plantes, comme par exemple le banian, le *bilva,* le *tulasi.* S'ils les vénéraient, ce n'est pas que ces arbres ou ces plantes portaient des fruits dont ils tiraient profit, c'est qu'ils avaient conscience de leur unité avec la Nature.

La religion nous apprend à aimer la création toute entière. Certains la ridiculisent en disant qu'il s'agit de simples croyances aveugles. Néanmoins, le comportement de ces personnes critiques fait généralement plus de tort à la Nature que celui des croyants. Ce sont les gens à l'esprit religieux qui protègent, préservent et aiment la Nature, plutôt que les soi-disant intellectuels. Certains, se référant aux théories scientifiques modernes, essaient systématiquement de prouver que tout ce que dit la religion est faux. Cependant, le respect et la dévotion que les êtres humains développent grâce à leur foi ont toujours été bénéfiques tant pour eux-mêmes que pour la Nature.

La religion nous enseigne à vénérer Dieu dans la Nature même. Grâce aux histoires qui racontent la vie de Sri Krishna, le *tulasi* (*basilic*) et les vaches sont devenus très chers aux habitants de l'Inde qui les protègent avec amour et en prennent soin de tout leur cœur. Il y avait autrefois en Inde une mare et un bosquet d'arbres à côté de chaque demeure et dans la cour, devant chaque maison, un plant de *tulasi*. Les feuilles de *tulasi* ont de grandes vertus médicinales. Cueillies et gardées pendant plusieurs jours, elles ne subissent aucune altération. Leurs propriétés médicinales subsistent. Arroser le *tulasi* chaque matin, le saluer avec respect et amour et l'adorer comme une divinité, faisait partie des pratiques quotidiennes. C'était la façon traditionnelle de vénérer et de rendre hommage que les Indiens pratiquaient également envers d'autres arbres comme le banian, le *bilva* et le figuier. La valeur médicinale des feuilles de *tulasi*, connue des Anciens depuis des siècles, a maintenant été prouvée par les expériences scientifiques modernes. Mais la question est de savoir si les scientifiques qui ont redécouvert les propriétés médicinales du *tulasi* et des autres plantes sacrées montrent le même amour et le même respect pour la Nature que les Anciens qui étaient, eux, inspirés par leur foi religieuse. N'est-ce pas la foi dans la religion qui contribue à protéger et à préserver la Nature, plutôt que la connaissance obtenue à travers la science moderne ?

Supposez que vous ayez dix graines. Mangez-en neuf si vous voulez mais laissez-en au moins une que l'on puisse planter. Rien ne devrait être totalement détruit. Si vous recevez cent dollars pour la vente d'une récolte, au moins dix dollars devraient être dévolus à des œuvres charitables.

Les Ecritures de l'Inde enseignent qu'un père de famille doit accomplir cinq sacrifices quotidiens (*pancha yajna*). Le premier est l'adoration de Dieu, de la Puissance suprême (*deva yajna*) qu'il faut accomplir avec dévotion et de son mieux. Puis vient l'adoration des sages (*rishis yajnas*). Les sages d'autrefois, après avoir réalisé Dieu, n'ont pas permis que leurs expériences exceptionnelles sombrent dans l'oubli. Par compassion pour l'humanité, ils les ont transmises et elles nous sont parvenues sous la forme des Ecritures. L'étude pleine de dévotion et la mise en pratique de l'enseignement des Ecritures constituent ce sacrifice. Le troisième est *pitru yajna*, qui consiste à montrer du respect envers les anciens et les parents et à les servir. Cela inclut aussi le fait de nourrir des pensées favorables et saintes pour le bien-être des ancêtres disparus. En quatrième vient le service de l'humanité, *nara yajna*. Cela inclut toutes les formes de service désintéressé, le fait de nourrir les pauvres, de servir les malades et les personnes âgées. Le dernier est *bhuta yajna*, qui consiste à servir tous les êtres vivants en voyant en eux des incarnations de l'Être Universel. On l'accomplit en nourrissant et en soignant les animaux et les plantes. Autrefois, les membres de la famille ne mangeaient jamais avant d'avoir nourri les animaux domestiques. Ils arrosaient également les plantes et les arbres avant de manger. A l'époque, le fait de vénérer la Nature et les phénomènes naturels faisait partie de la vie humaine. En reconnaissance des dons prodigués par la Nature, tous avaient le désir de lui plaire. *Bhuta yajna* éveille en nous la conscience de l'unité de toutes les formes de vie. Grâce à ces rituels et à ces sacrifices, les êtres humains apprenaient à vivre en harmonie avec la société et avec la Nature.

Amma répond aux questions sur les problèmes écologiques

Plus que le savoir de la science moderne, ce qui enseigne aux hommes à aimer la Nature, à développer respect et dévotion envers tout ce qui existe, c'est une compréhension réelle et profonde de la religion, alliée à la prise de conscience de l'unité de toute la création. L'amour dont parle la religion est incompréhensible pour un intellect grossier. C'est l'amour du cœur. Il ne peut être éprouvé que par une personne douée d'un intellect subtil, développé grâce à la foi.

Il y a moins de vols dans un village où veille un policier, parce que les gens ont peur de lui. Ainsi, le respect et la dévotion pour Dieu contribuent à maintenir le *dharma*, la conduite juste, dans la société. En assimilant véritablement les principes de la religion et en observant les coutumes prescrites, on peut éviter de commettre des erreurs.

Ceux qui déclarent que la religion n'est qu'un ramassis de croyances aveugles ne consacrent pas même un instant à essayer de comprendre les principes scientifiques sous-tendant les pratiques religieuses. La science moderne peut provoquer la pluie en aspergeant les nuages avec du iodure d'argent. Cependant, l'eau provenant de cette pluie si peu naturelle n'est pas totalement pure. De leur côté, les Écritures prescrivent certains sacrifices

rituels pour faire pleuvoir. Les sages savent que l'eau obtenue par ces moyens religieux est bien supérieure à celle obtenue par des méthodes aussi artificielles que l'ensemencement des nuages.

De manière similaire, un changement hautement bénéfique à la fois pour la Nature et pour les êtres humains peut être apporté en offrant les ingrédients prescrits dans le feu sacrificiel. Les sacrifices et les rituels aident à restaurer l'harmonie et l'équilibre perdus de la Nature. De même que les herbes et les plantes ayurvédiques soignent les maladies physiques, la fumée qui émane du feu sacré auquel les plantes médicinales sont offertes purifie l'atmosphère. Brûler de l'encens, allumer des lampes à huile, offrir des aliments purs au feu sacrificiel, c'est-à-dire à Dieu, tout cela contribue également à assainir l'atmosphère. Les effets secondaires de tels rituels ne créent pas de pollution contrairement au chlore et aux autres désinfectants utilisés pour purifier l'eau et tuer les microbes. La fumée du feu sacrificiel nettoie aussi le système respiratoire en débarrassant les voies respiratoires du mucus et du flegme qui les encombrent.

La science moderne explique qu'il est dangereux de regarder directement le soleil durant une éclipse solaire. Il y a des milliers d'années,

L'Homme et la Nature

les sages recommandaient eux aussi de prendre des précautions. Utilisant une méthode primitive mais efficace, ils regardaient l'image du soleil se refléter sur l'eau dans laquelle avait été dissoute de la bouse de vache.

En protégeant et en préservant les animaux sauvages et domestiques, les arbres et les plantes, nous protégeons et préservons la Nature. Les Anciens adoraient la vache et la terre, les comptant parmi les cinq mères (*pancha mata*). Les cinq mères sont : *deha mata*, la mère qui donne naissance au corps physique ; *go mata*, la vache ; *desha mata*, la patrie ; *bhumi mata*, la planète terre ; et *veda mata*, les Védas. Pour nos ancêtres, la vache n'était pas seulement une créature à quatre pattes, mais un animal sacré, vénéré comme une des formes de la Mère divine. Aucune religion ne peut exister en se dissociant de la Nature. La religion est le lien entre l'Homme et la Nature. Elle est la voie qui conduit à l'élimination de l'ego en l'homme, lui permettant de connaître et de réaliser son unité avec la Nature.

Quelle a été la cause de la rupture des relations entre la Nature et les êtres humains ?

AMMA : C'est à cause de son égoïsme que

l'homme voit aujourd'hui la Nature comme séparée de lui-même. C'est la conscience que les deux mains sont « miennes » qui pousse l'une à consoler l'autre en cas de coupure ou de blessure. Nous n'éprouvons pas le même souci si quelqu'un d'autre est blessé, n'est-ce pas ? Cela ne vient-il pas de la notion : « ce n'est pas moi » ? Ce mur de séparation entre les humains et la Nature est créé principalement par le comportement égocentrique de l'homme. Les hommes pensent que la Nature n'existe que pour être exploitée et utilisée en vue de satisfaire leurs désirs égoïstes. Cette attitude crée un mur, une séparation, une distance. Il est effrayant de constater que l'homme moderne a perdu sa largesse d'esprit et que c'est la conséquence du développement phénoménal de la science. L'homme a découvert des méthodes pour produire cent tomates à partir d'un plant qui n'en portait habituellement que dix. Il a également réussi à doubler la taille des fruits. Ces techniques ont certes permis de réduire en partie la pauvreté et la famine grâce à l'accroissement de la production, mais l'homme n'est pas vraiment conscient des effets nocifs des engrais et des pesticides artificiels qui pénètrent dans son corps avec les aliments dont il se nourrit. Ces produits chimiques détruisent les cellules du corps et en font une proie facile pour les maladies. Le nombre des hôpitaux a lui aussi augmenté tandis que les scientifiques multipliaient artificiellement le rendement des graines et des plantes, sans tenir compte de leurs limites naturelles. Bien que la science ait atteint des sommets inimaginables, l'homme, par égoïsme, a perdu la vision claire des choses et la faculté d'agir avec

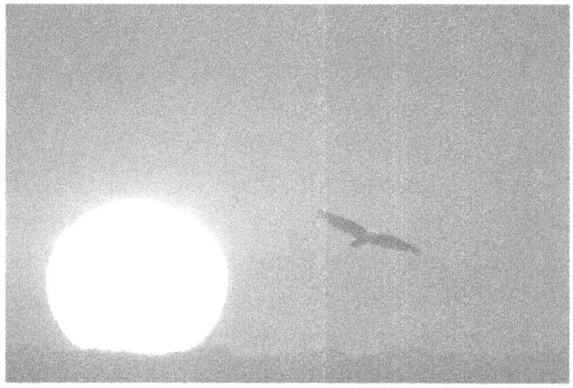

discernement.

Ce n'est pas l'amour des plantes, mais le désir égoïste « d'avoir plus » qui pousse l'homme à utiliser des engrais et des pesticides artificiels. Un ballon ne peut être gonflé que jusqu'à un certain point, au-delà duquel il éclate si on continue à lui insuffler de l'air. De même, une graine a un rendement limité. Si nous n'en tenons pas compte et continuons à essayer d'augmenter ses capacités de production par des moyens artificiels, la force et la qualité de la graine en seront gravement affectées. Elle deviendra même nocive pour ceux qui la mangeront. Autrefois, l'eau et l'engrais naturel suffisaient à la culture. La situation est bien différente aujourd'hui. Les pesticides et les fertilisants sont devenus partie intégrante de l'agriculture, à tel point que les systèmes immunitaires des plantes et des graines sont affaiblis et ont perdu leur capacité de combattre les maladies. Les méthodes naturelles au contraire renforcent le pouvoir de résistance à la maladie. La religion nous recommande d'aimer humblement chaque chose avec vénération. Les inventions scientifiques doublent les quantités mais la qualité, elle, a diminué.

Mettre des oiseaux ou des animaux en cage est du même ordre que de jeter un humain en prison. La liberté est le droit de naissance des êtres vivants. Qui sommes-nous pour supprimer cette liberté ? En injectant des hormones aux poules nous essayons de faire grossir les œufs. Nous leur faisons pondre deux œufs par jour en les enfermant dans l'obscurité puis en laissant pénétrer la lumière après quelque temps, pour leur donner l'impression qu'une nouvelle journée commence. Mais en agissant ainsi nous écourtons de moitié la durée de vie de la poule. Les œufs perdent leur qualité. Le désir de l'argent et du profit a aveuglé l'homme et détruit sa bonté et sa vertu. Cela ne signifie pas que nous ne devrions pas songer à augmenter la production. Non, pas du tout. Le problème n'est pas là. Le problème est qu'il y a une limite aux choses et qu'aller au-delà revient à détruire la Nature.

Il est grand temps de réfléchir sérieusement à la protection de la Nature. Détruire la Nature signifie détruire l'humanité. Les arbres, les animaux, les oiseaux, les plantes, les forêts, les montagnes, les lacs et les rivières, tout ce qui constitue la Nature, ont désespérément besoin de notre bienveillance, du soin attentionné et de la protection de l'homme. Si nous les protégeons, à leur tour ils nous protégeront.

Le légendaire dinosaure et de nombreuses autres espèces vivantes ont complètement disparu de la surface de la terre car ils ne purent survivre aux changements de conditions climatiques. Si l'homme n'est pas prudent, il subira le même sort lorsque son égoïsme atteindra son apogée.

Amma répond aux questions sur les problèmes écologiques

La protection et la préservation de la Nature ne sont possibles que grâce à l'amour et la compassion. Mais ces deux qualités sont en diminution rapide chez l'être humain. Afin d'éprouver un amour et une compassion réels, il est nécessaire de prendre conscience de l'unité de la force de vie, qui est le substrat et le soutien de l'univers entier. Cette réalisation ne peut survenir que par une étude approfondie de la religion et par l'observance des principes spirituels.

Quels sont les points communs entre un cheminement spirituel et la protection de la Nature ?

AMMA : Les Upanishads disent : « Isavasyam idam sarvam », tout est pénétré de Conscience Divine. C'est cette Conscience qui maintient le monde avec toutes ses créatures. La religion nous enseigne à voir et à vénérer Dieu en toute chose. Cette prise de conscience nous conduit à aimer la Nature. Aucun d'entre nous ne blesse délibérément son propre corps car nous savons que c'est douloureux. Ainsi, lorsque nous percevons la même Conscience vivante, unique, dans tous les êtres, la souffrance et les douleurs d'autrui deviennent notre souffrance. La compassion éclôt dans notre cœur et nous aspirons à aider et à protéger les autres. Lorsqu'un être humain accède à cet état, il ne souhaite pas cueillir inutilement ne serait-ce qu'une feuille. Il ne cueille une fleur qu'au dernier jour de son existence, juste avant qu'elle se fane. Et il considère comme un acte très nuisible, pour la plante comme pour la Nature, le fait de cueillir la fleur dès le premier jour, par avidité.

Autrefois, chaque maison avait un lieu de prière. On cultivait des fleurs dans le jardin, avec respect et dévotion, et lors de la *puja* quotidienne (culte avec offrandes symboliques) ce sont ces fleurs, cultivées avec amour par toute la famille, qui étaient offertes à Dieu.

Ce que nous offre la Nature devrait lui être rendu avec amour, elle qui est la source même des fleurs et des plantes. C'est ce que symbolise l'offrande des fleurs à Dieu. C'est un excellent moyen d'augmenter notre dévotion envers Dieu. L'offrande ainsi faite avec concentration réduit le nombre des pensées, conduisant à la purification du mental (*antakarana* : le principe pensant, l'instrument intérieur).

Il y a encore quelques années, on voyait à côté de chaque maison un bosquet où s'élevait un petit temple. Dans ce petit bois, les gens plantaient des arbres aux propriétés médicinales importantes comme le banian, le figuier et le *bilva*. C'est là qu'au crépuscule, ils offraient leurs prières et chantaient les noms de Dieu, à la lumière des lampes à huile. La science moderne a découvert récemment que la musique est bénéfique à la santé des plantes et des arbres. Outre la béatitude qu'ils apportent à toutes les créatures, les chants dévotionnels, pratiqués avec amour, donnent la pureté et la paix à notre esprit. Le vent qui passe à travers les feuilles des simples et des arbres médicinaux est également bénéfique pour la santé. La fumée dégagée par la mèche trempée dans l'huile qui brûle dans une lampe en cuivre, tout comme celle d'une bougie de pure cire d'abeille, tue les microbes de

l'atmosphère. Par-dessus tout, les prières faites avec concentration rétablissent l'harmonie perdue de la Nature.

Si une personne ordinaire peut être comparée à une lampe électrique, un aspirant spirituel (*sadhak*) est semblable à un transformateur. En calmant le mental et en préservant l'énergie qui aurait pu être dissipée dans des excès et dans la recherche des plaisirs, le *sadhak* éveille en lui la source infinie de puissance. Ne ressentant plus ni attraction ni répulsion, même sa respiration devient bénéfique à la Nature. Comme l'eau est purifiée par un filtre, la Nature est purifiée par le filtre de la force vitale (*prana*) de l'ascète (*tapasvi*). Les médecins ayurvédiques utilisent une pierre naturelle spéciale pour purifier l'huile bouillie avec des herbes médicinales et destinée à la préparation de certains remèdes. Pareillement, l'énergie vitale pure du *tapasvi* peut purifier la Nature en corrigeant les déséquilibres créés par l'homme.

En regardant la Nature et en observant sa façon désintéressée de donner, nous pouvons prendre conscience de nos propres limitations, ce qui favorise le développement de la dévotion et l'abandon de soi à Dieu. Ainsi la Nature nous aide à nous rapprocher de Dieu et nous apprend à l'adorer vraiment. En réalité, la Nature n'est rien d'autre que la forme visible de Dieu que nous pouvons percevoir et expérimenter à travers nos organes sensoriels. En aimant et servant la Nature, nous louons en vérité Dieu lui-même.

De même que la Nature crée les circonstances favorables nécessaires pour qu'une noix de coco devienne un cocotier et pour qu'une graine se transforme d'elle-même en un arbre immense, qui porte des fruits, la Nature crée les circonstances permettant au Soi individuel (*jiva*) d'atteindre le royaume du Soi Suprême (*Paramatman*) et de se fondre en lui en une union éternelle.

Un chercheur spirituel sincère, un vrai croyant, ne peut pas nuire à la Nature, car il voit la Nature comme étant Dieu, il ne ressent pas la Nature comme séparée de lui-même. C'est un amoureux authentique de la Nature.

Amma dirait qu'un scientifique authentique est celui qui aime réellement l'humanité, toute la création et toutes les formes de vie.

Quelle est la gravité du problème de l'environnement ?

AMMA : Dans le passé, il y avait un temps pour chaque chose. La culture était entreprise pendant une saison donnée et la récolte se faisait en un mois particulier. Les puits très profonds n'existaient pas encore. Les agriculteurs et les fermiers dépendaient de la pluie et du soleil gracieusement accordés par la Nature. À cette époque, les gens vivaient en harmonie avec la Nature. Ils ne cherchaient pas à rivaliser de force avec elle. Aussi la Nature était-elle toujours favorable à l'homme. Elle était son amie. Les gens savaient que s'ils semaient leurs graines tel mois, la pluie serait là au moment approprié. Ils savaient aussi à quelle période la récolte devait être moissonnée. Les choses se passaient en douceur. La Nature accordait pluie et soleil en temps voulu, infailliblement. Aucune pluie excessive ni prématurée ne venait détruire les cultures, pas plus qu'un excès ou un manque de soleil. L'équilibre régnait en tout. Les êtres humains ne s'essayaient jamais à agir contre les lois de la Nature. Une compréhension mutuelle, la foi, l'amour, la compassion, un esprit de coopération prévalaient chez les gens. Les hommes aimaient et vénéraient la Nature, et en retour elle leur accordait la grâce d'une abondante prospérité naturelle. Seule cette attitude peut permettre à une société d'atteindre un niveau de culture élevé. Mais les choses ont changé.

Les inventions scientifiques sont extrêmement

Amma répond aux questions sur les problèmes écologiques

bénéfiques, mais elles ne doivent pas s'opposer à la Nature. Les meurtrissures constantes infligées par l'homme à la Nature sont venues à bout de sa patience et elle a commencé à riposter. La fréquence des catastrophes naturelles augmente. La nature a entamé sa danse de destruction finale (*tandava*). Les actions injustes (*adharma*) perpétrées à son égard ont détruit son équilibre. Ces égarements sont la principale cause des souffrances actuelles subies par les êtres humains à l'heure actuelle.

Le scientifique inventif qui fait des recherches expérimentales a sans doute en lui de l'amour, mais cet amour est limité à un canal étroit, il n'est dirigé que vers son champ d'étude scientifique. Il n'embrasse pas toute la création. Le scientifique est plus ou moins lié au laboratoire où il travaille, ou au matériel scientifique qu'il utilise. Il ne pense pas à la vraie vie. Il est davantage intéressé par la découverte éventuelle de la vie sur la Lune ou sur Mars, ou par l'invention d'armements nucléaires.

Un scientifique affirme peut-être qu'il cherche à découvrir la vérité du monde empirique par une approche analytique. Il dissèque les choses pour analyser leur fonctionnement. Si on lui donne un chaton, il préfère l'utiliser pour la recherche plutôt que de le choyer comme animal domestique. Il mesurera le rythme de sa respiration, son pouls, sa tension. Au nom de la science et de la recherche de la vérité, il disséquera l'animal et examinera ses organes. Une fois le chaton éventré, il est mort. La vie a disparu ainsi que toute possibilité d'aimer. Il n'y a amour que s'il y a vie. Dans sa quête de la vérité de la vie, le scientifique a inconsciemment détruit la vie elle-même. Étrange !

Un sage *(rishi)* est capable d'aimer réellement car il est établi dans son propre Soi, le cœur même

de la vie et de l'amour. Il voit la vie et l'amour partout, au-dessus, au-dessous, devant, derrière, dans toutes les directions. Même en enfer, même dans le monde inférieur, il ne perçoit que vie et amour. Pour lui n'existent que la vie et l'amour resplendissant de toutes parts avec gloire et éclat. Par conséquent, Amma dit qu'il est « un réel scientifique ». Il fait ses expériences dans le laboratoire intérieur de son propre être. Il n'est jamais une cause de division dans la vie. Pour lui la vie est un seul tout. Il demeure en permanence dans cet état sans division, un état où règnent l'amour et la vie.

Le scientifique réel, le sage, embrasse la vie avec amour et devient un avec elle. Il ne tente jamais de lutter contre elle. Alors que le scientifique essaie de se mesurer avec la vie et de la conquérir, le sage s'y soumet simplement et se laisse porter par elle là où elle veut.

L'homme s'est retourné contre la Nature sans plus se soucier d'elle. Davantage intéressé par l'exploration et l'expérimentation, il essaie de dépasser toutes les limites. Mais il ignore qu'en agissant ainsi, il prépare sa propre destruction. Cette attitude est comparable à celle de quelqu'un qui, allongé sur le dos, cracherait en l'air. Le crachat lui retombe sur la figure.

Actuellement, les êtres humains ne se contentent pas d'exploiter la Nature, ils la polluent également. Il fut un temps en Inde où la bouse de vache était l'antidote placé directement sur l'endroit du vaccin pour prévenir l'infection. Mais à présent, la plaie s'infecterait et cela pourrait même provoquer la mort ! La même substance qui autrefois était un remède est devenue une cause d'infection. C'est que la nourriture que nous donnons aux vaches, l'herbe, le foin et les galettes oléagineuses, contient du poison, et que ce poison passe dans la bouse.

Maintenant, il ne pleut pas quand il est supposé pleuvoir. S'il vient à pleuvoir, c'est ou trop ou trop peu, ou trop tôt ou trop tard. Il en va de même pour l'ensoleillement. De nos jours les êtres humains tentent d'exploiter la Nature, c'est pourquoi il y a des inondations, des sécheresses et des tremblements de terre, et c'est pourquoi la destruction s'étend partout.

La qualité de la vie a subi un déclin terrible. Beaucoup de gens ont perdu la foi, l'amour, la compassion et l'esprit du travail en commun, main dans la main et cœurs unis. La nature en est affectée. Elle en viendra à reprendre toutes ses bénédictions et se retournera contre l'homme. La réaction de la Nature risque d'être inimaginable si l'homme continue ainsi.

Une histoire raconte que le tenancier d'un bar disait toujours à sa femme de prier Dieu qu'Il leur amène plus de clients. Sa femme lui obéissait et priait du fond du coeur. Un des clients remarqua un jour qu'elle priait et lui demanda de prier aussi pour que son entreprise prospère. « Qu'est-ce que

Amma répond aux questions sur les problèmes écologiques

vous faites ? » lui demanda la femme. « Je fabrique des cercueils. » répondit l'homme.

Tel est l'état actuel du monde : chacun n'est concerné que par ses propres intérêts.

Les êtres humains deviennent-ils une menace pour l'existence même de la vie à la surface de la terre ?

AMMA : Lorsque la Nature protège et sert avec bienveillance les êtres humains, c'est indubitablement leur responsabilité de la protéger et de la servir également en retour. La science moderne dit que les plantes et les arbres peuvent aussi répondre de façon imperceptible aux gestes et aux pensées des êtres humains. La science a découvert que les plantes tremblent de peur quand nous nous approchons d'elles avec l'intention d'en cueillir quelques feuilles. Or il y a des siècles, les saints et les sages (les rishis) de l'Inde avaient compris cette grande vérité et vivaient une vie de complète non-violence.

Shakunthalam, une histoire tirée des Écritures hindoues, illustre ce point : Un sage découvrit un jour une enfant abandonnée dans la forêt. Il ramena l'enfant chez lui et l'éleva comme sa propre fille. Comme elle grandissait, le sage lui confia le soin des plantes et des animaux domestiques de l'ermitage. Elle aimait ces plantes et ces animaux comme sa propre vie. Un jour où le sage s'était absenté, le roi du pays aperçut cette belle jeune fille alors qu'il chevauchait à travers la forêt à l'occasion d'une partie de chasse. Il tomba amoureux d'elle et voulut l'épouser. À son retour, le sage apprit la nouvelle et consentit volontiers au souhait du roi. Après le mariage, alors que la jeune fille s'apprêtait à quitter l'ermitage pour s'installer dans le palais du roi, la plante de jasmin qu'elle avait toujours chérie et dont elle avait pris grand soin, se pencha vers elle et s'enroula autour de ses chevilles. Les animaux versèrent des larmes quand elle partit. Ceci montre clairement comment les plantes, les arbres et toute la nature nous rendent notre affection si nous les aimons vraiment.

Faut-il accorder davantage d'importance aux besoins humains qu'à la Nature ?

AMMA : La Nature met toutes ses richesses à la disposition des êtres humains. Nous devrions nous aussi nous consacrer au bien-être de la Nature, de la même façon qu'elle se dévoue pour le nôtre. C'est alors seulement l'harmonie entre la Nature et les hommes pourra être préservée. Cueillir dix feuilles quand il n'en faut que cinq, c'est un péché. Supposez que deux pommes de terre suffisent pour

Amma répond aux questions sur les problèmes écologiques

préparer un plat ; si vous en prenez une troisième, vous agissez sans discernement. Vous commettez une action incorrecte (adharmique).

L'utilisation de la Nature quand nous en avons

besoin n'est pas une erreur, mais son exploitation est une autre histoire. Elle rend notre action contraire au *dharma*. Premièrement, nous détruisons sans nécessité la vie de la plante, de l'animal où de tout ce que nous exploitons. Deuxièmement, nous en privons une autre personne qui aurait pu l'utiliser, notre voisin peut-être, qui n'a rien à manger. Ainsi, à travers l'exploitation de la Nature, ce sont les autres que nous exploitons. Avoir une maison pour se protéger de la pluie et du soleil est certainement indispensable, mais nous ne devrions pas construire une résidence dans le but d'étaler notre richesse et notre train de vie luxueux. Abattre le nombre d'arbres nécessaire pour construire une maison ne saurait être considéré comme une action injuste. Une action devient un péché ou une injustice quand nous l'entreprenons sans vigilance ni discernement. Dépenser sans compter, en oubliant Dieu, le grand pourvoyeur de toutes choses, ou en oubliant ceux qui auraient pu bénéficier de ce surplus d'argent, c'est contraire au *dharma*.

Quelles sont les mesures à prendre au niveau social pour éviter la destruction de la Nature et des animaux ?

AMMA : Il est certainement grand temps de

mettre en œuvre des actions énergiques pour empêcher l'homme de détruire la Nature et les ressources qu'elle nous procure avec bonté, comme autant de cadeaux ou de récompenses pour les bonnes actions que nous accomplissons. La mise en place de règles strictes serait bénéfique à condition toutefois que les gens les acceptent et les suivent. De nos jours, ceux-là même qui sont supposés faire exécuter les lois sont les premiers à les ignorer. Des associations devraient être créées dans chaque village pour faire prendre conscience aux gens de la nécessité de défendre et de protéger la Nature. Une simple compréhension intellectuelle ne suffit pas. Il faudrait que chacun apprenne à agir en écoutant son cœur. Les instructeurs et les conseillers devraient être capables d'amener les gens à apprécier la Nature, à éprouver de la compassion pour toute la création et ses créatures. Ces instructeurs et conseillers auraient à faire preuve eux-mêmes de compétence et d'efficacité afin d'insuffler aux autres le désir d'agir selon leurs enseignements. Alors seulement leurs instructions pourront porter des fruits. Le support et le soutien de la religion et des principes spirituels seraient d'une grande aide pour y parvenir.

Une cause majeure de la pollution de

l'atmosphère est la fumée toxique qui émane des énormes machines industrielles. Cette fumée affecte le développement normal des plantes et des arbres. Les produits toxiques qui se dégagent de tels lieux nuisent aussi sérieusement à la santé humaine. Les mesures nécessaires pour protéger et préserver les arbres et les plantes qui poussent aux alentours des usines et dans les zones industrielles doivent être prises. En fait, ce sont ces arbres et ces plantes qui, dans une large mesure, nettoient et purifient l'atmosphère polluée de ces régions. Sans eux, les choses seraient pires encore. L'initiative de la protection de l'environnement naturel devrait venir des employés et des patrons des entreprises polluantes.

Le gouvernement seul ne peut rien faire sans la coopération sincère et enthousiaste de la population. Pour que cette coopération naisse, le gouvernement devrait agir en respectant la volonté et le désir des gens qui aiment la Nature. Pour cela, le soutien des responsables politiques et des membres du gouvernement est nécessaire. Ces responsables devraient avoir pour but le bien-être du pays et du peuple, et non pas se trouver là uniquement par avidité pour l'argent ou le pouvoir. Tant d'actions bénéfiques pourraient être accomplies par des personnes désintéressées et généreuses, dotées d'une vision universelle.

Les forêts sont-elles un élément indispensable de la terre ?

AMMA : Oui bien sûr. La science n'a pas encore saisi l'ampleur des effets bienfaisants de la forêt. Les forêts participent à la vie de cette planète. Elles sont indispensables. Elles purifient l'atmosphère, elles préviennent les chaleurs excessives, maintiennent l'humidité des sols, elles protègent et préservent la vie sauvage, etc.

Pour répondre aux nécessités de la vie, il n'y a rien de mal à couper des arbres et à récolter les plantes médicinales qui poussent dans les forêts. Mais n'exploitez pas et ne détruisez pas ces précieuses forêts. La Nature sait comment se protéger et prendre soin d'elle-même. Actuellement, au nom même de la protection et de la préservation de la Nature, nous l'exploitons. Les oiseaux et les animaux vivent heureux dans la forêt. L'homme est leur plus grand ennemi. En détruisant la Nature, l'homme se nuit à lui-même. Il ignore qu'au moment même où il frappe de sa hache le pied d'un arbre, il creuse sa propre tombe.

Est-il recommandé d'approcher les maîtres spirituels sans essayer par nous-mêmes de résoudre les problèmes actuels ?

AMMA : Les spécialistes peuvent vous aider à résoudre les nombreux problèmes que vous affrontez dans votre vie professionnelle. Il n'y a aucun doute à ce sujet. Mais seul le pouvoir divin peut faire en sorte qu'une action aboutisse. Pour qu'un évènement se produise, la grâce est nécessaire. L'effort humain, décidé par l'intellect, ne peut nous emmener qu'à un certain niveau, qu'il ne peut dépasser. Au-delà de cette limite s'étend le royaume de la grâce divine. Nos actions ne porteront leurs fruits que si nous parvenons à nous relier à ce royaume qui transcende les possibilités humaines. La meilleure façon d'être en contact avec cette énergie est de rechercher les conseils et la bénédiction d'un maître spirituel authentique. Un mahatma (une grande âme) est la source même de ce royaume d'une autre dimension. Il ou elle est une source inépuisable de puissance, l'incarnation même de la grâce et du pouvoir divins. Les spécialistes peuvent aider mais ils ne peuvent accorder leur bénédiction et leur grâce. Même les conseils d'un expert ne produiront pas forcément le résultat souhaité, mais les paroles et les bénédictions d'un maître spirituel authentique ne restent jamais vains.

Ne regardez jamais en arrière et ne gémissez pas. Allez de l'avant et souriez. Agissons avec une foi totale, avec la plus grande vigilance, mais avec détachement. C'est ce qu'enseignent les maîtres spirituels. À quoi sert de s'affliger si une plante dont nous avions pris soin se fane ? Plantez-en une autre sans vous lamenter sur celle qui est perdue. À force de ressasser le passé, l'homme dissipe toutes ses énergies, devient faible et apathique.

Le mental d'un maître n'est pas comme le nôtre, qui passe son temps à courir après les plaisirs du monde. Le mental d'un maître est comme un arbre qui donne de l'ombre et des fruits savoureux même à ceux qui l'abattent. Bien qu'il brûle sa vie en accomplissant sans relâche des actions désintéressées, à la manière d'un bâton d'encens qui offre son parfum au prix de son existence même, le sage ressent un immense bonheur à répandre l'amour et la paix dans la société toute entière. Seul un être de cette envergure est capable de nous guider sur le chemin de l'action juste, nous qui sommes remplis d'ego et d'attachements. De tels sages ne sont pas l'apanage d'un individu, d'un groupe, d'une secte ou d'un credo particuliers. Ils sont là pour l'ensemble de l'humanité, pour se donner au monde entier.

www.ingramcontent.com/pod-product-compliance
Lightning Source LLC
Chambersburg PA
CBHW070043070426
42449CB00012BA/3147